BEI GRIN MACHT SICH IHR
WISSEN BEZAHLT

Michael Veit

O.F. Bollnow: Der Aufbau der existenzphilosophischen Anthropologie aus der Stimmung der Angst

Ein zentrales Kapitel in Bollnows "Das Wesen der Stimmungen"

GRIN Verlag

Bibliografische Information der Deutschen Nationalbibliothek:

Die Deutsche Bibliothek verzeichnet diese Publikation in der Deutschen National-
bibliografie; detaillierte bibliografische Daten sind im Internet über http://dnb.d-
nb.de/ abrufbar.

Impressum:

Copyright © 2013 GRIN Verlag GmbH
Druck und Bindung: Books on Demand GmbH, Norderstedt Germany
ISBN: 978-3-656-57535-1

Dieses Buch bei GRIN:

http://www.grin.com/de/e-book/265926/o-f-bollnow-der-aufbau-der-existenzphilo-
sophischen-anthropologie-aus

Ruhr-Universität Bochum
Fakultät für Philosophie

Seminar:
O.F. Bollnow: Philosophische Anthropologie und hermeneutische
Philosophie(WS 13/14)

Michael Veit M.A.

ESSAY:

Otto Friedrich Bollnow:

Der Aufbau der existenzphilosophischen Anthropologie aus der Stimmung der Angst[1]

---

[1] Bollnow Studienausgabe I, S.47-60 ; alle Seitenangaben beziehen sich auf diesen Text.

In der Entwicklung von Bollnows Überlegungen zum **Wesen der Stimmungen** hat das o.g. Kapitel eine gewisse Überleitungsfunktion. In den vorangehenden Abschnitten hat Bollnow zunächst aufgezeigt hat, dass das **Gestimmtsein** eine **Grundbefindlichkeit** des Menschen ist, und dann exemplarisch etliche Stimmungen analysiert hat, geht es ihm in diesem Kapitel nun zunächst darum, aufzuzeigen, dass die gesamte **existenzphilosophische** Anthropologie letztlich **allein** aus der Stimmung der **Angst** aufgebaut ist.

Nachdem er dies getan hat, sieht Bollnow den argumentativen Grund für die Entwicklung seiner eigenen Anthropologie vorbereitet und argumentiert: Wenn es möglich ist, eine Anthropologie allein auf **einer** Stimmung wie der Angst aufzubauen, dann muss es auch möglich sein, eine Anthropologie auch auf **einer** anderen Stimmung, etwa einer **gehobenen**, zu entwickeln, wie Bollnow es dann in den darauf folgenden Kapiteln unternimmt.

In seiner Auseinandersetzung mit der Angst als Grundlage der existenzphilosophischen Anthropologie beruft sich Bollnow insbesondere auf **Kierkegaards** Schrift „Der Begriff der Angst" von 1844 und, noch etwas detaillierter auf **Heideggers** „Sein und Zeit" von 1927, hier besonders auf §40: „Die Grundbefindlichkeit der Angst als eine ausgezeichnete Erschlossenheit des Daseins". (47)

Dabei stellt Bollnow folgende Thesen auf:

1. Heideggers auf der Grundlage der Angst aufgebaute Existenzphilosophie hat zwei mögliche Grundvoraussetzungen, die es anhand der Untersuchung anderer Stimmungen zu verifizieren oder zu falsifizieren gilt. (48f)

2. Entweder ist die Angst **inhaltlich** vor allen anderen Stimmungen ausgezeichnet, oder ihr **formaler** Charakter ist **so**, dass **alle** anderen Stimmungen, wenn man von deren inhaltlichen Besonderheiten abstrahiert , genau **diesen** formalen Charakter haben.(49)

3. Die existenzphilosophische Deutung der Angst unterscheidet sich von der naiven Betrachtung, die die Angst als eine Art Mangel ansieht, von dem man sich befreien muss, dadurch, dass sie die Angst nicht als Gefühl (wie etwa Furcht) sieht, sondern als Stimmung, die als solche unbestimmt und nicht intentional gerichtet ist.(50f)

4. Insofern erscheint in der Angst nicht ein Objekt, **vor dem** man sich fürchtet, sondern das **Nichts,** das ausdrücklich als solches erfahren wird: „Die Angst offenbart das Nichts" (52).".....in der Angst (geht) dem Menschen sein eigenes Dasein in seiner ganzen Ungeborgenheit und Unheimlichkeit auf...,Wovor die Angst sich ängstigt, ist das In-der-Welt-sein selbst.'"(52)[2]

5. Im Gegensatz zur naiven Betrachtung ist diese Angst als Erfahrung des Nichts als **Positvum** zu sehen: Der Mensch wird darauf hingewiesen, dass er sich „...zunächst und zumeist in einem Zustand befindet, in dem er **nicht ist**, was er seinem Wesen nach eigentlich sein sollte, in einem Zustand also, den Heidgger als den der ,**Uneigentlichkeit** des Daseins' und der ,**Verfallenheit** an die Welt' bezeichnet." (53) Erst diese Erfahrung der Uneigentlichkeit und Weltverfallenheit seines Daseins durch die Konfrontation mit dem **Nichts** gewährleistet die Grundlage echter **Freiheit**. Erst auf dieser Grundlage kann sich der Mensch wirklich frei **entwerfen**. (54)

Bollnow lobt ausdrücklich diese existenzphilosophischen Ergebnisse, bezweifelt aber, dass diese für sich allein eine ausreichend breite Basis für die Entwicklung einer Anthropologie darstellen. (54f) Im Einzelnen umfasst seine Kritik folgende Punkte:

a. Hat nicht das alltägliche Leben, das nicht mit dieser Angst als „Schwindel der Freiheit" (Kiergegaard) (53) konfrontiert ist, auch einen **eigenen** Wert, eine „Eigentlichkeit" ?

b. Gibt es nicht auch ein Recht auf die **freundlichen** Seiten des Lebens, auf Freude und Lust ? (56)

c. Wirft die existenzphilosophische Anthropologie den Menschen nicht viel zu sehr auf sich **alleine** zurück, ohne dabei die Bezüge des Menschen zur Welt, seiner Arbeit, seiner Heimat, seinen vertrauten Menschen etc. zu berücksichtigen?

d. Bleiben nicht dadurch, dass die Angst existenzphilosophisch ja nur **formal** bestimmt werden kann, „....weite Bereiche von unbestreitbarer Lebenswichtigkeit ..." **unerfasst**, die deshalb „...in die ungegliederte und belanglose Welt der Uneigentlichkeit absinken müssen"? (57)

---

[2] Originaltext Heidegger hier und an anderen Stellen „ängstet"

e. Wird nicht auch die **Zeit** letztlich auf eine Menge von **Einzelmomenten** der Konfrontation mit dem Nichts reduziert und damit ihr Charakter von Kontinuität und Entwicklung vernachlässigt ?

f. Wird nicht durch die auf der Grundlage der Angst von Heidegger entwickelte „Sorge" als „...die Grundverfassung des menschlichen Daseins" (59) sämtliche **Erkenntnis** als auf das zu besorgende Anliegen gerichtet eingeengt und damit als **defizienter** Modus des „Zuhandenen" gewertet , d.h. alle Theorie grundsätzlich der Praxis nachgeordnet? (59)

Alle diese Kritikpunkte laufen für Bollnow letztlich darauf hinaus, dass „...bei Heidegger **nur zwei Bereiche** erfasst werden können: der der letzten existenziellen Entscheidungen und der des bloß handwerklich-technischen Lebens." (ebd.)

Bollnows **Fazit:**

„Es fehlt dazwischen die ganze Welt, die man am ehesten mit dem Begriff der Kultur bezeichnet. Und es ist die Frage, ob es nicht andre Formen der Erkenntnis gibt, die die Dinge, vor allem die Gegenstände des pflanzlichen und tierischen Lebens und die Werke der Kunst von ihrer eigenen Mitte her sehen. Und es könnte sein, dass zu diesem Eindringen in den inneren Wesenskern andrer Dinge und Wesen eine andre stimmungsmäßige Bereitschaft notwendig ist, als sie sich vom Boden der Angst her gewinnen lässt, nämlich eine glücklich in sich selbst ruhende Gelassenheit, die...auch die Ruhe hat, andre Dinge von ihrer eignen Mitte her aufzunehmen." (59) Der Boden ist damit für Bollnows eigenen anthropologischen Entwurf bereitet, den er dann im weiteren Verlauf seiner Schrift entwickelt.